Б⁵¹ 4159

CATÉCHISME

DES

ÉLECTEURS

OU

QUESTIONS DE CONSCIENCE

A PROPOS DES ÉLECTIONS.

BESANÇON,

LIBRAIRIE DE TURBERGUE,
Rue St.-Vincent, 31.

1846.

Besançou, Imp. d'Out-Chalandre fils.

CATÉCHISME
DES ÉLECTEURS

OU

QUESTIONS DE CONSCIENCE

A PROPOS DES ÉLECTIONS.

———◄◆►———

Objet de ce Catéchisme.

DEMANDE : Y a-t-il vraiment des questions de conscience à examiner à propos des élections ?

RÉPONSE : Oui, et de très-sérieuses.

D. Quelles sont-elles ?

R. On peut les réduire à trois principales : 1° L'exercice des droits d'électeur intéresse-t-il essentiellement la conscience ? 2° Quels sont les devoirs imposés par la conscience à l'électeur

1

dans l'exercice de son droit ? 3º Quelle est la sanction donnée à l'accomplissement ou à la violation de ces devoirs ?

D. Quel est le but de ce Catéchisme ?

R. De résoudre ces trois questions dans trois parties séparées.

PREMIÈRE PARTIE.

L'exercice du droit électoral intéresse-t-il la conscience ?

CHAPITRE PREMIER.

De la conscience.

D. Qu'est-ce que la conscience ?

R. La conscience est la lumière intérieure qui dirige l'homme dans les choses religieuses et morales, et lui fait discerner ce qui est bien ou mal, juste ou injuste, pour ou contre la religion qu'il croit et le culte qui est dû à Dieu.

D. La conscience peut-elle, doit-elle intervenir dans l'exercice du droit électoral ?

R. Sans aucun doute.

D. Dites-nous pourquoi ?

R. Parce que l'exercice de ce droit touche à la religion sous plus d'un rapport, qu'il tient essentiellement au bien ou au mal moral, et que le juste ou l'injuste en sont les conséquences nécessaires.

CHAPITRE II.

Du droit électoral par rapport à la Religion.

D. En quoi l'exercice du droit électoral touche-t-il à la religion ?

R. 1º Par le serment que tout électeur est obligé de faire pour exercer

son droit, et qui est un acte essentiellement religieux, puisqu'on y prend Dieu
à témoin comme dans tous les ser-
ments. 2° Par l'objet de ce serment, puisque l'électeur prend Dieu à témoin que
le choix qu'il va faire d'un député, d'un
conseiller municipal, d'un conseiller
d'arrondissement ou de département,
sera fait pour le bien du pays et pour
l'exécution franche et sincère de la
charte.

D. Comment l'objet du serment
électoral touche-t-il à la religion?

R. 1° Parce que le bien du pays ou
de la société qui s'appelle la France demande nécessairement la conservation
de la religion, sans laquelle il n'y a point,
de l'avis de tous les publicistes, de société ni durable ni possible. 2° Parce
que l'exécution franche et sincère de la
charte implique nécessairement la liberté de la religion et des cultes, la li-

berté de leur enseignement pour le
dogme et la morale, toutes choses qui
touchent essentiellement et sous tous
les rapports à la religion.

CHAPITRE III.

Du droit électoral par rapport au bien ou au mal moral.

D. Montrez-nous comment l'exercice
du droit électoral tient essentiellement
au bien ou au mal moral ?

R. La chose est très-facile. L'exercice
du droit électoral est nécessaire dans
l'ordre de choses qui nous régit. Car,
de cet exercice, du choix des députés,
des conseillers municipaux, des conseillers d'arrondissement ou de département dépendent la bonne ou la mauvaise administration de la commune,
les intérêts les plus graves de l'arrondissement ou du département, dans

l'ordre religieux, moral et politique ;
la stabilité ou l'instabilité de la patrie,
sa grandeur, son indépendance ou son
abaissement continu, ses libertés ou sa
servitude, la confection ou le maintien
des bonnes ou des mauvaises lois, qui
élèvent ou dégradent les nations, les
font prospérer ou les rendent misérables. Ces conséquences du choix des
électeurs sont évidentes, et il est impossible de les contester.

Or, la bonne ou mauvaise administration des communes, la confection
et le maintien des bonnes ou des mauvaises lois qui font le bonheur ou le
malheur des peuples, les actes, les mesures d'où dépendent les intérêts les
plus graves de la religion, de la morale
et de la politique, la stabilité où l'instabilité des états, leur grandeur ou
leur abaissement, leur liberté ou leur
servitude, leur prospérité ou leur

ruine, sont tout autant d'actes qui appartiennent essentiellement à ce que tous les peuples ont appelé bien ou mal moral.

L'exercice du droit électoral tient donc nécessairement au bien ou au mal moral.

D. L'exercice du droit électoral ne tient-il pas encore par d'autres points au bien ou au mal moral?

R. Oui, par la nature et l'objet du serment, selon qu'on y est ou non fidèle.

D. Expliquez-nous cela plus clairement?

R. L'électeur en exerçant son droit, ou donne son vote pour le bien public, et à des hommes que par conséquent, d'après la connaissance qu'il a de leurs actes, de leurs sentiments et de l'ensemble de leur vie, il sait de science certaine et réfléchie, vouloir la grandeur et l'indépendance de la patrie ; la religion sans laquelle cette grandeur et cette indépendance et la société elle-même sont impossibles ; la réforme d'un système corrupteur ; l'allégement des charges publiques, en ne votant que les dépenses, rigoureusement et consciencieusement nécessaires ; l'amélioration des conditions inférieures et des classes laborieuses ; l'encouragement et la moralité de l'industrie ; le bonheur et l'union de tous les citoyens ; et dans ce cas, il est fidèle à son serment, car ce serment ne peut être prêté que pour le bien.

Ou il donne son vote, dans son intérêt particulier, ou dans celui de sa localité, au détriment du bien général, à des hommes, par conséquent, toujours prêts à sacrifier la grandeur et l'indépendance de la patrie à leurs avantages et à leurs profits particuliers, aux

intérêts, à l'ambition et à la cupidité
de ceux qui gouvernent; indifférents à
la religion, ennemis du culte et de ses
ministres, excitant contre eux les pas-
sions; enchaînant et entravant de toutes
les manières sous les monopoles électo-
raux, universitaires et autres, les droits
que la charte a promis de garantir; pro-
digues des fonds publics, pourvu qu'ils
en aient leur part; sans souci des classes
laborieuses; toujours prêts à voter des
budgets énormes et sans cesse grossis-
sant, à condition de les partager avec
ceux qui les demandent, dans les jeux
de bourse, dans les marchés de chemins de fer, dans les places à gros
traitements qu'ils obtiennent pour eux
et pour leurs parents; et dans ce cas
l'électeur viole et fausse évidemment
son serment.

Or, donner sa voix, ou plutôt la
vendre dans son intérêt particulier ou

dans l'intérêt de ceux qu'on nomme, au grand préjudice des intérêts communs et sociaux, et de toutes les libertés publiques ; violer et fausser ainsi son serment, sont des actes mauvais et profondément immoraux.

Voter au contraire pour le bien public, sacrifier son avantage particulier aux grands intérêts de l'état et au bien général de la patrie, donner sa voix à des hommes prêts à en faire autant et dévoués à tous les intérêts sociaux et à toutes les libertés garanties par la charte ; demeurer ainsi fidèle à son serment est un acte bon et éminemment moral.

L'exercice du droit électoral tient donc essentiellement au bien ou au mal moral.

CHAPITRE IV.

Du droit électoral par rapport au juste et à l'injuste.

D. Le juste ou l'injuste ne touchent-ils pas aussi sous plus d'un rapport à l'exercice du droit électoral ?

R. Oui, sous plus d'un rapport. Et, en effet, les candidats que choisissent les électeurs, soit pour les conseils municipaux, soit pour les conseils d'arrondissement ou de département, soit pour la chambre législative, n'ont-ils pas, en vertu du mandat qui leur est confié, au nom et de par l'autorité de ceux qui les ont nommés et qu'ils représentent, à approuver ou à blâmer, à accepter ou à rejeter des mesures, des arrêtés, des ordonnances, des traités, des lois, des budgets qui respectent ou qui violent l'égalité de tous les Français devant la loi, leur égale admissibilité à tous les emplois civils et militaires, le droit sacré qu'ont les citoyens à n'être imposés que de leur propre consentement, qu'autant que le bien commun le demande réellement et en proportion avec leur fortune ; qui respectent ou violent les droits des gens, les intérêts légitimes de la patrie, les droits même de l'humanité, au grand détriment ou au grand avantage de l'état et de ses alliés.

Mais l'approbation ou le blâme, l'acceptation ou le rejet de ces mesures, de ces arrêtés, de ces ordonnances, de ces traités, de ces lois, de ces budgets, selon qu'ils renferment de telles violations ou qu'ils les empêchent, sont des actes qui appartiennent essentiellement au *juste* ou à l'*injuste*, et dont les électeurs deviennent, à raison de leur choix, plus ou moins responsables devant le tribunal de Dieu et de leur conscience.

D. Pourriez-vous expliquer tout cela par des exemples?

R. Facilement. On peut en donner de toutes sortes, en matière d'impôts d'abord. Une des conditions essentielles à la justice de l'impôt, c'est qu'il ne soit augmenté, exigé, voté que pour une nécessité évidente, tirée du bien commun, du bien de tous, et non des intérêts seulement de ceux qui gouvernent; or, aucune nécessité semblable n'a demandé et ne demande évidemment l'augmentation et le maintien, depuis quinze ans, d'un budget d'un milliard à seize cents millions. Nommer des députés qui le votent avec de telles augmentations, ou les laisser nommer, en refusant d'accomplir le devoir électoral, c'est donc se rendre gravement responsable devant Dieu, devant les peuples, devant la conscience.

Une autre condition essentielle encore à la *justice* de l'impôt et consacrée par la charte, comme un droit de tous les Français, c'est que tous contribuent indistinctement autant que possible dans la proportion de leur fortune aux charges de l'état.

Or, bien qu'une égalité proportionnelle mathématique soit impossible à atteindre parfaitement, il est des impôts qui, plus que d'autres, appellent le dégrèvement, ce sont ceux qui frappent le pauvre plus que le riche, qui le grèvent dans les objets de première nécessité, dans ses aliments, dans les vins, dans la viande, dont il est dès-lors souvent contraint de se priver au grand détriment de la force de ses bras, qui sont pourtant son seul soutien ; dans le sel, cette denrée si nécessaire surtout aux classes pauvres, et qui, bien que dégrevée par un vote heureux et populaire, ne l'est point encore définitivement, la chambre des Pairs pouvant fort bien, sous l'influence du ministère, s'y refuser, et la chambre de nos représentants pouvant se déjuger, et effacer (cela s'est vu) son vote de la veille par son vote du lendemain.

Je pourrais en signaler bien d'autres : l'impôt sur l'air que l'on respire, qui, par les portes et fenêtres, force le pauvre à ne laisser entrer dans sa triste demeure qu'un air rare et malsain par des ouvertures de prison sévèrement mesurées et comptées. Les impôts de ce genre pourraient bien être atténués ou même supprimés sans que le budget de l'état en devînt insuffisant, si surtout l'on savait y établir une véritable économie, opérer le retranchement des gaspillages, créer de justes impôts sur les objets de luxe et d'inutilité, impôts qui frapperaient non plus les malheureux surtout, mais surtout les heureux et les riches.

D. Que concluez-vous de tout cela ?

R. Que nommer ou laisser nommer des hommes que l'on sait disposés à tout voter, à tout maintenir en matière d'impôts, et surtout les charges qui pèsent sur les classes pauvres au mépris de la charte et de la justice, c'est fausser son serment et se rendre complice devant la conscience d'une véritable iniquité.

D. Vous parliez de gaspillages : l'injustice de l'impôt ne s'aggrave-t-elle pas en effet de certaines circonstances particulières ?

R. Oui, ce qui l'aggrave encore, c'est l'emploi trop souvent donné à une partie considérable de l'impôt : subventions exorbitantes à des journaux, à des théâtres, aux comédiens et comédiennes qui les exploitent, à des écrivains et à des artistes privilégiés; gros traitements pour des sinécures, pour une ou deux leçons de philosophie, d'histoire, de théologie, par semaine et pendant quelques mois, sans but, sans utilité pour le peuple, et devant une poignée d'auditeurs, changeant souvent tous les jours; création de places superflues, distribution de livres, de tableaux à des communes, à des bibliothèques, à des Eglises, arbitrairement, et trop souvent comme prix des complaisances et des votes peu consciencieux de députés et d'électeurs, etc., etc.

D. Ne pouvez-vous pas nous citer des exemples de violations de la *justice* et des droits publics des Français pris autre part que dans les budgets?

R. J'ai commencé par ceux-là comme plus évidents et plus faciles à saisir; mais on peut en trouver un grand nombre d'autres ailleurs que dans les impôts.

Citons entre autres, citons avant tout, la loi électorale actuelle qui prive, à cause de l'infériorité de leur fortune, les 39/40e des citoyens payant l'impôt, de l'exercice de leur droit électoral : en effet, de 8 millions de citoyens payants, 200 mille seulement sont aujourd'hui électeurs et votent l'impôt par leurs mandataires, et cela en dépit de l'axiome français que *l'impôt doit être consenti par celui qui le paye*, en dépit de l'article Ier de la Charte qui déclare *les Français égaux devant la loi*, et non comme ils le sont aujourd'hui inégaux devant la loi électorale.

D. Cette première *injustice* n'en produit-elle pas bien d'autres?

R. Oui, cette première *injustice* enfante, pour ainsi dire, toutes les autres; car, le pouvoir ayant prise d'une manière déplorable sur un nombre aussi restreint d'électeurs, obtient par eux des députés malheureusement trop faciles à corrompre, et des votes de ces députés toutes les lois oppressives et *injustes* peuvent naître ; la source ainsi empoisonnée, ce qui en découle ne peut guère être sain et pur. Je n'entrerai point ici dans le détail de toutes les suites funestes du monopole électoral, trop nombreuses et d'ailleurs trop manifestes. Qu'il suffise de dire que la *réforme* d'un système trop favorable à la corruption, réforme établissant l'élection sur des bases plus larges, plus en rapport avec nos institutions, apparaît aux yeux des hommes de bien, des hommes éclairés, comme le premier moyen de remédier à *l'injustice* et à l'iniquité publiques.

D. Mais n'est-il point à craindre que les électeurs à 200 francs se refusent à adopter les idées d'une réforme qui attaquerait leur privilége ?

R. L'électeur consciencieux doit déplorer, comme celui qui n'est point électeur, les maux de la patrie ; c'est d'ailleurs sans son consentement qu'on l'a investi du privilége, à l'aide duquel tant d'abus se sont introduits.

La générosité, l'esprit de *justice*, le sentiment d'égalité doivent parler plus haut, que l'intérêt personnel dans le cœur de l'électeur privilégié, il est vrai, mais droit et juste, et il a trop de raison et de probité pour préférer un avantage usurpé à un droit commun à tous.

D. Qu'en concluez-vous ?

R. Que les électeurs qui ne voteraient pas de préférence pour des candidats *réformistes* se rendraient évidemment complices de cette masse *d'injustices* qui découle du monopole électoral.

D. Citez encore quelques exemples de violation de la *justice*.

R. Citons les mesures, décrets, ordonnances ou projets de loi sur l'instruction publique et contre la liberté
d'enseignement promise par la Charte,
et objet des réclamations de tant de
pères de famille.

En accordant en effet à certaines localités des colléges et des institutions
de plein exercice, où l'on trouve un
enseignement complet et qui peut rendre apte à tous les emplois, et en les
refusant à d'autres; en déclarant inca-
pables d'entrer dans les carrières libérales et dans la plupart des emplois les
jeunes gens qui ont étudié seuls ou ailleurs, quelles que soient leur science,
leur capacité et leur vertu, ces mesures et ces projets de loi ne créent-ils
pas évidemment des priviléges de lieux
et de personnes? Ne rendent-ils pas aux
uns facile et à bon marché l'instruction
élevée et complète, et ne mettent-ils pas

les autres dans l'impossibilité de se la procurer autrement que par des dépenses énormes et sans proportion avec la fortune du grand nombre?

Ne brisent-ils donc pas évidemment l'égalité de tous devant la loi? Ne rendent-ils pas impossible l'égale admissibilité de tous dans les carrières libérales et dans les emplois publics?

Ne tendent-ils pas à établir en France, comme en Chine, deux castes opposées, l'une de mandarins lettrés et fonctionnaires, l'autre d'ilotes ou de parias, destinés à servir la première dans les travaux mécaniques, industriels et d'agriculture, et à l'engraisser par les impôts?

D. Ces mesures, ces ordonnances, ces projets de loi, en matière d'enseignement, ne violent-ils pas encore sous d'autres rapports, et la liberté des cultes et la liberté de conscience aussi bien

que l'égalité devant la loi et l'admissibilité de tous aux emplois publics ?

R. Oui, et évidemment encore, en
imposant aux étudiants catholiques qui
peuvent fréquenter ces colléges et ces
établissements, des maîtres juifs, pro-
testants, impies et des livres condam-
nés par leur Eglise, comme contraires
à leur foi et à la croyance en Dieu lui-
même.

D. Ne violent-ils pas aussi les autres
prescriptions de la charte en matière
d'impôts ?

R. Oui, et toujours évidemment, en
imposant sans délibération et sans voté
des chambres législatives ou des conseils communaux, des droits pécuniaires
d'examen, de diplômes, de visa, de
brevet, sans proportion à la fortune des
étudiants, nullement demandés par le
bien public, ne frappant même, comme
l'impôt nommé *frais d'études*, que les

plus pauvres écoliers, les externes, dont les pauvres parents supportent déjà, dans l'impôt communal, les frais matériels du collége, et tout cela, pour enrichir uniquement les membres d'une corporation privilégiée.

D. Ces mesures et ces projets de loi n'anéantissent-ils pas aussi la liberté d'enseignement promise par la charte ?

R. Oui, et toujours avec la même évidence, en ne reconnaissant pas également à tous la faculté et le droit naturel d'enseigner à leurs risques et périls, et sauf à être jugés et punis par les tribunaux, comme tout citoyen doit l'être, s'ils enseignaient des doctrines contraires aux lois, aux bonnes mœurs, ou aux institutions du pays ; ou en ne leur reconnaissant cette faculté, ce droit, qu'à des conditions préventives, destructives de toute liberté, contraires à la conscience, nécessairement arbitraires, comme certificats d'études dans les maisons privilégiées, diplômes, brevets, examens sur des livres et des doctrines réprouvés par la foi, déclaration de ce qui se passe entre Dieu et la conscience, proscription des associations religieuses approuvées par la Religion, par le culte de la majorité et par conséquent par la charte.

D. Ces mesures, ces décrets, ou projets de loi ne vont-ils pas même, par le plus étrange despotisme, jusqu'à dépouiller l'homme, les citoyens, les communes, les départements, de leurs droits les plus naturels, les plus inaliénables?

R. Oui, encore et toujours avec la même évidence, puisqu'ils décrètent propriétés de l'état ou des gouvernements et de leurs ministres, les langues, leurs grammaires et leurs littératures, les sciences, la philosophie, l'histoire,

la religion, le catéchisme même [1], l'instruction morale et religieuse ; qu'ils
assimilent l'enseignement de toutes ces
choses, libres chez tous les peuples de
la terre, ou dépendant de leurs cultes
divers, à l'administration des finances
ou de la police, de la justice ou de la
guerre, et les font enseigner au nom
de l'état, ou vendre plutôt, comme du
papier timbré, par une corporation de
fonctionnaires privilégiés, nommée *uni-
versité.*

D. Vous avez parlé de politique, de
traité ; quels sont ceux que des électeurs
consciencieux ne peuvent approuver,
en renommant les députés qui les ont
votés, ceux à la politique desquels ils

---

[1] M. Villemain, ministre de l'instruction
publique, a répondu à un évêque qu'on ne
pouvait pas même enseigner le Catéchisme
hors des églises, sans la permission de l'Uni-
versité.

ne peuvent s'associer, sans violer les droits de la France, les droits des gens et de l'humanité elle-même ?

R. C'est, par exemple, celui de Taïti, où l'on désavoue nos soldats et nos marins, parce qu'ils ont soutenu l'honneur français, et où l'on convient de payer une indemnité au ministre protestant Pritchard, qui a fait massacrer nos soldats, en soulevant contre eux les naturels du pays. C'est encore le traité de Tanger, où, par complaisance pour l'Angleterre, l'on a fait payer à la France victorieuse les frais de la plus juste des guerres, d'une guerre coûteuse, meurtrière, et dont les conséquences si funestes en hommes et en argent, durent encore et dureront longtemps en Algérie, tandis qu'il était si facile de nous indemniser, comme les Anglais en Chine. C'est aussi l'abandon en Asie de nos plus anciens, et en Europe de nos plus fidèles alliés : les catholiques du Mont-Liban et ceux de la Pologne, persécutés, proscrits, exilés, massacrés, opprimés de toutes les manières, en haine de leur foi et peut-être de leur amour pour la France.

D. Il est clair, par tous ces exemples et par beaucoup d'autres qui pouvaient être cités, que l'exercice du droit électoral touche, dans ses conséquences, au *juste* et à l'*injuste*, sous bien des rapports?

R. Et que les électeurs ne peuvent faire choix, pour les représenter dans la chambre législative, d'hommes disposés, d'après les leçons de l'expérience, à voter toutes ces mesures, tous ces projets de lois *injustes* et à s'associer à une politique évidemment contraire aux intérêts et à l'honneur de la France, aux droits des gens et de l'humanité elle-même, sans encourir une formidable responsabilité devant leur conscience, devant les peuples et devant Dieu.

D. Que concluez-vous de tout cela?

R. Que, puisque l'exercice du droit électoral touche évidemment à la *Religion*, sous plusieurs rapports, qu'il tient essentiellement au *bien* et *au mal moral* et que le *juste* ou l'*injuste* en sont les conséquences nécessaires, il intéresse évidemment et essentiellement la conscience, et que la conscience peut et doit y intervenir.

SECONDE PARTIE.

Devoirs imposés par la conscience aux Electeurs.

D. Puisque la conscience doit intervenir dans l'exercice du droit électoral, quels sont les devoirs imposés par elle aux électeurs?

R. Quatre devoirs principaux : 1º Aller aux élections, et engager les autres à y aller; 2º élire et faire élire des hommes que leurs antécédents aient prouvé être des hommes de conscience; 3º leur donner un mandat par écrit et signé d'eux ou de leurs délégués, sur quelques points principaux intéressant la conscience; 4º accepter la fonction à laquelle on a l'honneur d'être élu, signer et remplir le mandat imposé comme condition du choix.

CHAPITRE Ier.

Les Electeurs sont obligés d'aller aux élections et d'engager les autres à y aller.

D. Sur quoi est fondé le devoir d'aller aux élections et d'engager les autres à y aller?

R. 1° Sur la loi naturelle; 2° sur la loi écrite dans la charte.

D. Qu'enseigne la loi naturelle à la conscience sur ce premier devoir?

R. Elle enseigne que tous les citoyens sont obligés en conscience de pourvoir au salut et au bonheur de leur pays autant qu'il est en leur pouvoir, de sacrifier même pour lui en cas de nécessité leurs biens et leur vie. Or le salut et le bonheur de la France dépendent de la justice et de la sagesse de ses lois; de la conservation de sa religion, de ses libertés, de son honneur; de la justice des impôts, de la bonne administration et de la moralité des communes, des arrondissements et des départements. C'est la justice, a dit un livre qui ne se trompe pas, c'est la justice qui élève les nations, et c'est le péché ou l'injustice qui rend les peuples misérables. Mais tous ces moyens nécessaires au

salut et au bonheur de la France dépendent de la composition des conseils
publics et des chambres; et cette composition elle-même, de l'exercice du
droit électoral par les hommes de conscience. La chose est de la dernière
évidence. L'exercice du droit électoral est donc un devoir rigoureux imposé à la conscience par la loi naturelle.
Ne pas le remplir sans une raison ma-
jeure est donc une grave et très-grave
transgression de la première de toutes
les lois.

D. Vous avez dit aussi que ce
premier devoir était fondé sur la loi
écrite dans la constitution, comment
cela?

R. Le voici : La loi qui établit dans
les états ou qui donne aux princes et à
leurs ministres, des co-législateurs, des
surveillants, des conseillers, des juges,
en matière d'impôts et de tout ce qui

constitue l'existence et le bonheur politique et social d'un peuple, est, de
l'avis de tous les moralistes, une loi de
la plus haute importance, essentielle
au bien public, imposant à la conscience
la plus grave obligation. Refuser de
remplir les devoirs qu'elle impose est
évidemment pour tout citoyen une faute
grave devant Dieu et devant les hommes. Or la charte et les lois électorales
sont évidemment des lois de ce genre,
et les obligations qu'elles imposent parfaitement identiques. Refuser de les
remplir ou d'exercer son droit d'électeur est donc une faute grave devant
Dieu et devant les hommes.

D. Je pensais que le pouvoir de
choisir des conseillers municipaux, des
conseillers d'arrondissement et de département, des députés enfin, n'était
qu'un droit, qu'un privilége, et que par
conséquent chacun était libre d'y re-

noncer, sans transgresser aucun devoir de conscience?

R. C'est une grande erreur. Car cette idée de droit, de privilége même, si l'on veut, implique nécessairement dans toute société bien réglée et en pareille matière surtout, l'idée de devoir et d'obligation de conscience, indépendamment de tout ce que nous venons de dire; voici pourquoi : L'égalité naturelle des citoyens, la justice, exigent qu'aucun droit particulier, qu'aucun privilége n'existe dans une société quelconque, sans que des devoirs n'y soient attachés, en faveur du bien public; devoirs d'autant plus grands, d'autant plus rigoureux que le droit particulier ou le privilége est plus important. C'est dans ce sens qu'on a toujours dit dans les sociétés chrétiennes : NOBLESSE OBLIGE, et la vraie noblesse actuelle c'est l'électorat.

Mais aucun droit, aucun privilége (puisqu'aujourd'hui encore c'est un privilége) n'est plus grand, n'est plus important que le droit électoral; puisqu'il fait vraiment participer celui qui le possède aux prérogatives de la souveraineté. Tous les devoirs qui pèsent sur les souverains, retombent donc sur les électeurs, par rapport à l'exercice de leur droit.

Le pouvoir électoral n'est d'ailleurs un droit que considéré dans les rapports des citoyens et du gouvernement; envisagé dans les rapports des citoyens entre eux, ce n'est plus qu'un devoir. Les électeurs représentent les autres citoyens, ils doivent par leurs votes gérer les intérêts communs de tous leurs frères, qui sous la loi actuelle ne votent point encore.

D. La raison du serment exigé de chaque électeur, n'est-elle pas pour ceux qui y répugnent une raison suffisante de ne pas aller aux élections ?

R. Non, sans aucun doute, parce que cette répugnance n'a aucun fondement dans la conscience. « Qu'est-» ce qu'un serment, demandait le mo-» niteur du 10 août 1830 ? — C'est, » répondait-il, l'engagement par le » fonctionnaire ou l'électeur de consa-» crer au bien du pays l'autorité dont » il est revêtu, l'exercice du droit dont » il est investi; *le principe et le but de* » *tout serment politique est donc le* » *bien public.*

» Le nom du chef de l'état, ajoutait-» il, n'y intervient qu'en tant qu'il re-» présente les intérêts et les droits de » la nation, qu'il les conserve et les fait » respecter; en sorte, disait-il encore, » que ce serment est brisé ou cesse » d'obliger, lorsque ce même souve-» rain, ou chef de l'état, ne représente

» plus aucun de ces droits, aucun de
» ces intérêts. »

Or, un serment ainsi demandé, ainsi
entendu est une chose à laquelle la
conscience ne peut évidemment répu-
gner, et que tout citoyen doit à son
pays. Le lui refuser quand des intérêts
sacrés l'exigent, ou le prêter dans un
intérêt particulier et contre le bien
public, est donc la transgression d'un
devoir, une chose que la conscience
condamne comme un mal.

D. Le devoir d'aller aux élections et
d'y engager les autres, comme à l'accomplissement d'un grand devoir en-
vers son pays, ne renferme-t-il pas
d'autres obligations?

R. Oui, ce devoir renferme l'obligation de faire tout ce qui est nécessaire pour en rendre l'accomplissement
possible : comme par exemple, organi-
ser des comités, des réunions d'électeurs

afin d'agir avec ensemble, faire placer sous son nom les impôts que l'on paie réellement, ou que la loi vous attribue, se faire inscrire à temps sur les listes électorales, user de son influence pour engager les autres à l'accomplissement de ces formalités, poursuivre la radiation des citoyens qui seraient inscrits sans droit ou par fraude. Tous ces devoirs sont renfermés dans le premier, et obligent avec la même rigueur.

CHAPITRE II.

Les Electeurs sont obligés d'élire et de faire élire des hommes que leurs antécédents ou l'expérience aient prouvé être des hommes de conscience.

D. Quel est le second devoir imposé à la conscience des électeurs?

R. Elire et engager à élire des conseillers ou des députés qui soient eux-mêmes des hommes de conscience.

D. D'où tirez-vous les raisons de ce second devoir ?

R. Du serment, de la loi naturelle et de toutes les autres lois divines et humaines.

D. Quelle est la raison tirée du serment ?

R. Le serment même par lequel on prend Dieu à témoin que le choix qu'on va faire, sera fait pour le bien public. Or, ce choix ne peut être pour le bien public qu'autant qu'il tombe sur des hommes de conscience, c'est-à-dire, qui observent eux-mêmes leur serment, n'agissent et ne votent dans leurs fonctions de conseillers ou de députés, que déterminés par des raisons tirées du bien public.

D. Quelle est la raison tirée de la loi naturelle ?

R. La même que nous avons développée dans les chapitres précédents;

les conseillers municipaux, les conseillers d'arrondissement ou de département, les députés ne sont établis que pour contribuer par leurs conseils et leurs votes à la conservation de tous les principes, de toutes les libertés, et de tous les intérêts sociaux, d'où dépend le bonheur des peuples. Or, ils ne peuvent concourir à cette fin de leur existence, qu'autant qu'ils seront désintéressés, prêts à s'oublier, à se sacrifier même pour le bien général ; et ils ne seront, ils ne pourront être dans ces dispositions qu'autant qu'ils seront des hommes de conscience. La chose est trop évidente pour avoir besoin de plus longs développements.

D. Quelles sont les raisons tirées des autres lois divines et humaines ?

R. Elles sont facilement découvertes par toutes les intelligences de bonne foi. Les hommes choisis par les élec-

teurs ne sont et ne peuvent être choisis,
nous venons déjà de le dire en d'autres
termes, que pour faire exécuter les lois
divines et humaines, qui ont pour but
le bonheur public, c'est-à-dire, procurer et maintenir la justice dans le
vote et la répartition des impôts, l'égalité de tous devant la loi, la réforme
électorale, la liberté de la Religion, la
liberté de l'enseignement, l'égale admissibilité de tous aux emplois publics,
les droits des gens dans les traités de
peuple à peuple, la gloire, la moralité
et la richesse de la patrie. Or, tous ces
biens, l'exécution de toutes ces lois, la
confection de traités en conformité avec
les principes de justice éternelle et avec
les droits fondamentaux de nos consti-
tutions ne peuvent être procurés que
par des hommes de conscience, à qui
la conscience les impose comme un devoir sacré qui doit être préféré à tout

le reste. La chose est encore de la dernière évidence.

D. A quels signes peut-on connaître
dans les candidats éligibles les hommes
qui n'ont pas ou qui ont peu de conscience.

R. A un grand nombre : si, par
exemple, dans le passé, ils ont voté
toutes les lois ou mesures destructives
des libertés publiques, tous les impôts
écrasants pour les classes ouvrières;
l'état de siége de Paris, les lois de septembre, les fortifications et leur arme-
ment, les budgets énormes; s'ils ont
voté contre la liberté religieuse, contre
la liberté d'association, contre la liberté
d'enseignement, contre l'abolition de
ceux des décrets universitaires qui sont
incompatibles avec la charte et les garanties assurées par elle ; s'ils ont dé-
laissé la Pologne ou donné leur boule
blanche à l'indemnité Pritchard ou au

traité de Tanger, etc., etc. J'ajouterai, si sans des raisons bien légitimes ils se sont abstenus de voter.

D. N'y a-t-il pas d'autres signes encore qui puissent convenir et à ceux qui ont déjà été élus, et à ceux qui désirent l'être?

R. Il y en a également : voici les plus certains : Ils ont fait ou veulent faire des fonctions gratuites auxquelles ils ont été ou veulent être élus, un moyen de s'enrichir, de détourner de leurs têtes et de celles de leurs parents ou amis, une partie des charges publiques, de parvenir à des fonctions lucratives, ou à l'avancement dans ces fonctions, si déjà ils s'y sont élevés, d'obtenir des secrets de bourse, des actions gratuites dans les chemins de fer, des entreprises de fournitures publiques, etc., etc.

Si pour gagner des voix ils promettent d'obtenir pour l'arrondissement ou quelques communes des avantages, des faveurs : chemins, tableaux, livres, statues, subventions, indemnités sur les fonds publics ou secrets, auquel ces arrondissements ou ces communes n'ont pas plus de droits que les autres, et qui ne servent qu'à grever injustement les budgets généraux; et à plus forte raison, si, pour obtenir la voix de quelques électeurs influents, ils ont promis ou promettent des places, des honneurs ou des avantages particuliers pour eux, leurs parents ou leurs amis.

Tout homme qui achète ainsi les autres est un homme déjà vendu; électeur et éligible il viole et fausse son serment, il sacrifie le bien général au bien particulier, c'est un fléau public. Donner sa voix à de tels candidats c'est trahir la patrie et fouler aux pieds les lois les plus sacrées de la conscience.

D. Pourriez-vous montrer par quelque exemple, comment les promesses faites dans les seuls intérêts d'une localité tournent au détriment du bien public ?

R. La chose est facile, en voici un bien remarquable. Le député d'une petite ville du midi avait promis, il y a plusieurs années, aux administrateurs d'un hospice, pour déterminer son élection, d'obtenir six mille francs pour leur œuvre. Arrivé à Paris, son premier soin est d'engager sa voix au ministère et à tous ses projets, à la condition d'obtenir ces six mille francs et bien d'autres choses encore qui le touchaient de plus près. Le ministre lui avait déjà beaucoup accordé, mais les six mille francs ne venaient point encore. Un jour enfin, lassé des importunités de l'homme influent dans les centres, il lui répondit : Voici le moyen de pou-

voir obtenir ce que vous demandez.
Nous désirons sur tel article, une allo-
cation de cinq cent mille francs, qu'on
nous conteste. Faites-vous nommer
membre de la commission, qui doit
examiner l'affaire, et si vous pouvez
les faire voter, nous vous donnerons là-
dessus vos six mille francs. La propo-
sition ne déplut pas au député ; il se
mit aussitôt à l'œuvre avec l'activité
qu'on lui connaissait et se fit nommer
non-seulement membre, mais prési-
dent de la commission. Les cinq cent
mille francs furent votés, et six mille
en furent détachés pour l'hospice.

Ainsi en est-il de toutes les promesses
de ce genre ; c'est toujours le budget
général, c'est-à-dire, tout le monde
qui en fait les frais ; et la justice, et la
charte sont violées pour donner satis-
faction à ces intérêts parasites.

D. A quel caractère peut-on reconnaître le candidat vraiment consciencieux ?

R. L'homme de conscience est modeste, timide même parfois; il aime la religion, fondement de toute société et principe de tout ordre social; il est dévoué à la moralité et au bien être des classes populaires; les libertés publiques sont sacrées pour lui, il comprend toute la valeur du serment et tient fidèlement ce qu'il promet, toujours prêt à se sacrifier pour le bien public. Jamais on ne le voit dans un intérêt de parti, d'ambition, ou de coterie, donner sa voix ou demander celle des autres. Les fonctions publiques sont pour lui des charges et non des sinécures et des degrés pour arriver aux richesses ou aux honneurs; il les redoute et les fuit, loin d'en faire l'objet de sa convoitise et de ses recherches.

CHAPITRE III.

Des mandats à donner à ceux qu'on élit.

D. Quel est le troisième devoir imposé par la conscience aux électeurs ?

R. Présenter aux candidats comme condition de leur voix des mandats à signer, où soient exposées, comme devant être votées par eux, les principales lois ou réformes réclamées par le bien public.

D. Sur quoi est fondé ce troisième devoir ?

R. 1° Sur la responsabilité des électeurs obligés de prendre pour le bien public toutes les garanties propres à assurer l'efficacité du concours que leur demande la conscience. 2° Sur la nature des fonctions auxquelles ils élisent, et qui constituent comme leurs représentants les hommes sur qui tombent leur choix. 3º Sur ce que l'omission des mandats tend à renverser le gouvernement représentatif.

D. Expliquez cette dernière raison ?

R. Sans mandat, les conseillers des communes, des arrondissements et des départements, aussi bien que les députés, cessent (trop souvent l'expérience nous l'a appris) d'être les représentants sincères du peuple qui les choisit. Dès-lors la souveraineté est déplacée, et, au lieu du gouvernement représentatif, nous n'avons plus qu'une oligarchie ministérielle qui corrompt pour régner, et dans la chambre qu'une aristocratie bâtarde, disposant absolument et comme aux enchères, de la charte, des lois, des propriétés par l'impôt, et de tous les intérêts de la patrie; et dans les communes, dans les conseils d'arrondissement et de département, des espèces de seigneuries subalternes, vassales serviles des préfets et des sous-préfets, et renouvelant peu à peu tous les abus, tous les excès des vieilles féodalités.

Or la conscience, le serment, la charte et le bien public demandent que tous les moyens soient pris pour empêcher le retour de ces calamités, et par conséquent l'emploi de mandats propres à rappeler sans cesse aux élus de la nation qu'ils sont non ses maîtres, mais ses délégués: non ses seigneurs, mais ses représentants, dépendant d'elle, non en général, mais encore pour tous les cas intéressant la conscience, qui peuvent être prévus d'avance.

D. Sur quoi doivent rouler les mandats des candidats pour les conseils de communes, d'arrondissements et de départements ?

R. Sur les besoins de ces localités et particulièrement sur la réforme des impôts qui, en frappant les objets de première nécessité, pèsent surtout sur les classes pauvres, sans aucune proportion avec leur fortune ; sur les franchises communales et départementales qui disparaissent chaque jour de plus en plus, sous les envahissements d'une administration unitaire et despotique ; sur les libertés des cultes et de l'enseignement, étouffées aussi par les étreintes des monopoles universitaires et administratifs.

D. Et les mandats pour les candidats à la députation, quel doit être leur objet ?

R. Le rapport des lois de monopole électoral tendant à reconstituer incessamment en France le régime aristocratique et seigneurial par la transformation des colléges en bourgs-pourris. L'abolition du monopole universitaire, décrets, ordonnances et arrêtés en contradiction avec la charte; la diminution des impôts, des places lucratives, l'abolition des sinécures scandaleuses, véritables sangsues des budgets publics et particuliers; l'abrogation de concert avec le Saint-Siége des articles organiques, coup de jarnac donné à la liberté de l'Eglise, des lois de septembre, des lois administratives enlaçant et confisquant au profit d'une monstrueuse centralisation toutes les libertés individuelles, communales et départementales; confection de lois sur l'organisation du travail, sur la responsabilité ministérielle, cette dernière comme celles sur l'instruction publique et la liberté d'enseignement promise dans le plus court délai possible, et comme conditions des pouvoirs constitués en 1830, et qu'en 1846 on attend encore en vain.

D. Faut-il faire signer ces mandats par les candidats?

R. Oui, il le faut, et pour leur garantie et pour celle des électeurs.

D. Dans le cas où aucun des candidats, ayant des chances, n'offrirait tous les caractères de l'homme de conscience, dont nous avons parlé plus haut, que faudrait-il faire ?

R. Réunir les voix sur celui qui en offrirait le plus, en acceptant et signant le mandat présenté par les électeurs, au moins dans ses principaux points, et promettant de le garder. On dirait alors, toujours guidé par le plus grand bien possible du pays, que la conscience ne permet jamais d'abandonner : *Crainte de pis, faute de mieux, je vote pour M.* ***.

Dans le cas contraire, on accomplirait toujours son devoir devant Dieu, en nommant un homme de conscience, n'eût-il aucune chance de majorité.

CHAPITRE IV.

Devoirs de l'Electeur - Candidat.

D. Quel est le quatrième devoir imposé par la conscience aux électeurs?

R. C'est pour l'électeur-candidat le devoir de se prêter lui-même, bien que toujours dans les limites de sa dignité, aux démarches honorables qui peuvent assurer son élection; le devoir d'accepter la fonction à laquelle il a l'honneur d'être élu; de signer et remplir le mandat donné par ses concitoyens comme condition de leur choix, pourvu toutefois que ce mandat, comme nous venons de l'expliquer, ne renferme rien de contraire à la conscience.

D. Sur quoi est fondé ce quatrième devoir?

R. Sur toutes les raisons qui nous ont servi à établir les trois premiers, savoir : La loi naturelle, le serment, le bien public, toutes les lois divines et humaines. Car il est évident que, si elles obligent la conscience des électeurs à aller aux élections, à choisir pour les représenter des hommes de conscience, à leur imposer des mandats, afin de mettre leur responsabilité à couvert et assurer le bien public ; à plus forte raison obligent-elles les électeurs éligibles à accepter les fonctions de conseillers ou de députés, et les mandats pour le bien public, qui peuvent y être attachés toutes les fois que des causes majeures et qui doivent être mûrement pesées devant Dieu, surtout dans les circonstances actuelles, ne déchargent pas la conscience de cette importante obligation.

D. Les démarches auxquelles vous assujettissez le candidat pour la réussite de sa propre élection ne sont-elles pas incompatibles avec la dignité d'un homme consciencieux?

R. Nullement. On conçoit pourtant que la conduite avilissante d'un trop grand nombre de candidats ait inspiré une honorable répugnance pour les démarches qu'une candidature exige; mais il en est que l'on peut se permettre, que l'on doit savoir accepter. Il ne doit point être ici question de fausse fierté. Les électeurs sont supérieurs à l'éligible; l'éligible ne devient élu, n'est revêtu de l'honneur de l'élection que par les electeurs, il n'existe que par les électeurs, les électeurs sont la France, et c'est la France qui a droit d'être servie, droit à nos respects; il ne s'agit point ici d'intérêt privé, mais d'intérêt public : l'éligible doit donc en conscience se prêter franchement, par exemple, à faire une profession de foi si on la lui demande, à des entrevues avec ses électeurs, à l'acceptation du mandat dont la corruption a fait une nécessité qui doit être courageusement subie par les gens de bien.

Ne point céder à de pareilles considérations, serait écouter la voix de l'orgueil et non celle d'une conscience éclairée et du vrai dévouement.

TROISIÈME PARTIE.

Quelle est la sanction donnée à l'accomplissement ou à la violation des devoirs imposés aux électeurs par la conscience.

D. Toute loi, tout devoir devant avoir une sanction, quelle est la sanction donnée à l'accomplissement ou à la violation des devoirs imposés aux électeurs par la conscience ?

R. Ce sont les conséquences mêmes, les conséquences nécessaires de leur accomplissement ou de leur violation.

D. Quelles sont les conséquences nécessaires de leur accomplissement ?

R. L'équité et la sagesse des lois, la modération des impôts et la justice de leur répartition, la jouissance de toutes les libertés sociales et politiques, l'influence universelle de la religion, la moralité et le bien-être des classes populaires, la diminution des crimes, l'égalité devant la loi, l'union et la concorde de tous les citoyens, l'indépendance et la gloire de la patrie.

D. Quelles sont les conséquences nécessaires de leur omission ou de leur violation ?

R. Les conséquences opposées : lois injustes et oppressives ; impôts excessifs et écrasants ; inégalité dans leur répartition ; toutes les libertés changées en servitudes, la religion entravée et opprimée par la licence et l'impiété, l'immoralité et la misère dans les classes populaires, l'oppression et l'orgueil dans les classes riches, les crimes se multipliant de toutes parts, les citoyens divisés, trompés, ruinés, opprimés, par le despotisme et la mauvaise foi; égoïsme partout, abaissement continu de la patrie, anarchie, révolutions toujours renaissantes.

Pourquoi ne pas ajouter que ces devoirs de *conscience*, cette *religion* du citoyen par rapport à son pays, trouveront aussi une sanction au delà de cette vie? Oui tous les peuples, même païens, ont toujours cru que des tourments sans fin viendraient saisir après la mort ceux qui pour de l'or vendaient leur patrie, ceux qui la livraient à la toute-puissance de la tyrannie, qui à prix d'argent faisaient et refaisaient les lois.

Comment la loi du Christ, loi d'af-
franchissement, de liberté, de protec-
tion du faible, ne sanctionnerait-elle
pas à plus forte raison encore, l'accomplissement ou la violation des devoirs du
citoyen par des peines ou des récom-
penses ?

FIN

TABLE DES MATIÈRES.

FIN DE LA TABLE.

www.ingramcontent.com/pod-product-compliance
Lightning Source LLC
Chambersburg PA
CBHW070940280326
41934CB00009B/1958